VIE

D'UN BIENFAITEUR

DU

PEUPLE,

A. P. DE LA ROCHEFOUCAULD,

DUC DE DOUDEAUVILLE,

PAR

LE BARON CHARLES DUPIN,

MEMBRE DE L'INSTITUT ET PAIR DE FRANCE.

PARIS,

FIRMIN DIDOT FRÈRES, LIBRAIRES,

RUE JACOB, 56.

Décembre 1841.

27
L n³ 11520

VIE

D'UN BIENFAITEUR

DU

PEUPLE.

TYPOGRAPHIE DE FIRMIN DIDOT FRÈRES,
Rue Jacob, 56.

VIE

D'UN BIENFAITEUR

DU

PEUPLE,

A. P. DE LA ROCHEFOUCAULD,

DUC DE DOUDEAUVILLE,

PAR

LE BARON CHARLES DUPIN,

MEMBRE DE L'INSTITUT ET PAIR DE FRANCE.

PARIS,

FIRMIN DIDOT FRÈRES, LIBRAIRES,

RUE JACOB, 56.

DÉCEMBRE 1841.

ELOGE

DE

A. P. DE LA ROCHEFOUCAULD,

DUC DE DOUDEAUVILLE.

Discours prononcé lors de l'ouverture des cours,
au Conservatoire des Arts et Métiers, le 21 novembre 1841.

MESSIEURS,

Tour à tour, dans cette enceinte, nous
avons payé le tribut de nos hommages et de
nos regrets, aux hommes qui se sont acquis
des titres à l'honneur, à l'estime, à la reconnaissance, par leur génie, leurs travaux ou
leurs vertus utiles au peuple ; nous les avons
honorés dans tous les rangs, dans toutes les

conditions, depuis Grangé, le garçon de ferme qui perfectionna la charrue, jusqu'à l'illustre duc de La Rochefoucauld-Liancourt, qui propagea la vaccine en France et rendit populaire ce grand bienfait de l'humanité ; depuis Ternaux, le puissant manufacturier, jusqu'à Jean-Baptiste Say, l'ingénieux économiste ; depuis les simples ouvriers, améliorateurs de quelques arts mécaniques, jusqu'à Chaptal, le ministre de France qui, continuateur de Colbert, a le plus fait pour les arts, qu'il a perfectionnés lui-même en ajoutant à ses mérites comme administrateur, les inventions et la gloire de la science et de l'industrie.

Aujourd'hui je viens remplir un devoir de même nature ; je viens confier à vos souvenirs et signaler à vos cœurs les services rendus aux classes laborieuses par un grand du monde, dont la vie fut aussi modeste que vertueuse ; qui consacra, pour le peuple, son existence à faire le bien, et son étude à le bien faire. Tel s'est montré le duc de La Rochefoucauld-Doudeauville, qui, succédant à l'une des fonctions chéries de son parent et de son ami La Rochefoucauld-Liancourt, a présidé pendant treize années le conseil de perfectionnement du Conservatoire des arts et métiers.

A ce titre, Messieurs, vous comprenez que nous manquerions au plus sacré de nos devoirs, si, dans cette même enceinte, nous ne faisions pas entendre quelques paroles de justice, de regrets et d'affection pour le citoyen vertueux qui se montra plus illustre encore par l'amour qu'il portait à ses semblables que par sa grande position, et par les fonctions élevées qu'il dut moins à sa naissance qu'à ses qualités personnelles.

Ambroise-Polycarpe de La Rochefoucauld, duc de Doudeauville, est né le 22 avril 1765. Issu d'une maison qui prit sa place dans notre histoire nationale, il y a neuf cents ans, avec les fondateurs de la troisième dynastie, d'une maison qui compte parmi ses ancêtres les rois de Chypre et de Jérusalem, fils d'un lieutenant général et petit-fils d'un chancelier de France, la fortune l'avait, dès le berceau, comblé de tels présents, qu'il eût pu s'abstenir, comme tant d'autres seigneurs, de rien mériter par lui-même, sans éviter par là d'arriver à tout. Mais il reçut de la nature, avec les dons de l'esprit, l'amour du travail, qui, dans le bonheur, justifie les prospérités, et qui, dans le malheur, sert en même temps de refuge, de remède et de consolation.

Ses études furent précoces et brillantes. Dans un des meilleurs colléges de Paris, il achevait, dès l'âge de douze ans, l'étude de la langue latine ; il acquérait l'élégance et la facilité d'un style qui, chez lui, resta toujours naturel, et fut remarquable par l'expression gracieuse des sentiments doux et généreux.

A quatorze ans, lorsqu'il abordait à peine

des études spéciales qui convinssent à sa carrière, suivant l'usage fréquent des grandes maisons, ses parents le fiancèrent, en attendant qu'il atteignît la virilité. Il reçut pour épouse la descendante et l'héritière de Letellier et de Louvois, ces ministres de Louis XIV, dont les noms sont immortalisés, l'un par Bossuet, l'autre par l'histoire. A cette riche alliance, le jeune La Rôchefoucauld dut le titre de duc de Doudeauville, et la grandesse d'Espagne digne héritage des hommes d'État justement chéris du monarque français qui fit asseoir son petit-fils sur le trône de Charles-Quint.

Nous arrivons à l'imposante époque où le peuple français, profondément agité, allait renverser un édifice de quatorze siècles, pour accomplir sa première révolution.

Depuis près de deux cents ans, la France avait cessé d'être consultée sur ses intérêts, ses impôts et ses lois, dans ses états généraux tombés en désuétude. Un immense besoin d'argent pour satisfaire à des dépenses insensées, l'impéritie et l'instabilité des administrations dilapidatrices, l'arbitraire sans adresse et sans force, qui pesait sur chacun et n'épouvantait plus personne, tout excitait les esprits à réclamer la rénovation de ces états qui rappelaient la liberté des Francs nos ancêtres.

Le duc de Doudeauville, à la fois grand bailli d'épée et gouverneur de Chartres, présida d'office, dans son bailliage, à l'élection des députés du tiers; par le choix de ses pairs, il présida l'ordre de la noblesse. Son aménité, son impartialité, la sagesse de ses paroles, auraient conquis tous les suffrages; mais celui dont la présidence obtint d'éclatants témoignages de gratitude, n'avait pas encore atteint, pour la représentation nationale, l'âge de l'éligibilité : seul obstacle qui pût l'empêcher d'aller prendre part aux débats de l'Assemblée constituante.

En quelques mois, les grands corps de l'État, les distinctions sociales, les priviléges, les droits appelés féodaux, les honneurs, les distinctions, les titres, tout avait disparu sous l'inflexible volonté des nouveaux législateurs.

Un aussi vaste changement ne pouvait pas s'accomplir sans blesser une foule d'intérêts, de passions, et l'orgueil, plus puissant que les intérêts. Les privilégiés, qui désespéraient de faire triompher par eux seuls leur propre cause, s'adressèrent à l'étranger : comme si jamais l'étranger avait servi d'autre cause que celle de son ambition.

Doudeauville, ami des mesures conciliatrices, et dans tous les temps le moins personnel des hommes, souhaitait, de toute son âme, qu'on n'adoptât pas si légèrement une mesure extrême, dont la précipitation devait causer à ses auteurs de si longues calamités. Sa voix ne fut pas entendue. Dès 1789, les plus exaltés étaient partis, appelant après eux les hommes de leur ordre qui partageaient leurs opinions, et sommant, au nom de l'honneur, les retardataires d'accourir sous la bannière qu'on arborait au nom des sentiments chevaleresques. On envoyait des quenouilles en signe de reproche et de mépris à ceux qui tardaient à s'expatrier ; les femmes même, avec le despotisme de leurs prières et l'empire de leur beauté, s'indignaient contre ceux qui ne cédaient pas à l'entraînement des seigneurs le plus haut placés dans la hiérarchie brisée d'un état social où naguère ils brillaient d'un si grand éclat. Si quelque chose a droit de nous surprendre, c'est qu'un jeune homme de vingt-cinq ans ait pu résister une année avant que son cœur ait cédé.

Laissons à l'inflexible histoire le pénible soin de juger la pensée politique de l'émigration. Ne parlons ici que de ses malheurs. Les Français armés sur les bords du Rhin pour rendre à la France les lois de son ancien régime, se trouvèrent quelque mille hommes contre un million de volontaires ; ils comptaient voir combattre pour eux des rois étrangers, qui se battirent pour eux-mêmes et pour leur seule avidité. Le voile tomba qui cachait au duc de Doudeauville l'aspect de la vérité. La patrie lui dit, au fond du cœur; que ses enfants se trompaient en prêtant leurs armes à de pareils alliés ; il leur reprit les siennes. Condamné par le malheur de sa destinée à ne pas servir son pays, il n'en voulut servir aucun autre : il se consola par l'étude des sciences et par le charme des lettres. De 1794 à 1800, il employa ses loisirs à visiter les États les plus policés de l'Europe, l'Allemagne, l'Angleterre, la Suisse et l'Italie. Il séjournait dans cette dernière contrée, en 1798, au moment où l'armée française révolutionnait l'Helvétie, avant de faire oublier par une victoire immortelle, à Zurich, la violence des mesures qu'elle avait ordre d'imposer en comprimant la volonté des enfants de Guillaume Tell, au nom de la liberté ! Le duc de Doudeauville se trouvait au voisinage, sur le territoire contigu du Piémont, où le général Grouchy conduisait une armée d'occupation. Sous un nom modeste, qui convenait à l'exil, il cachait les souvenirs de sa maison aux yeux de l'étranger. Mais, aussitôt que les couleurs républicaines dominèrent le lieu de son refuge, sa fierté pensa qu'il serait lâche à lui, proscrit, fugitif, de vivre protégé par le mensonge d'un surnom jusqu'alors innocent et sans honte. Il fit savoir au commandant français qu'un La Rochefoucauld, un Doudeauville, un duc, habitait sur le territoire où la république apportait, avec ses armes, la proscription et la mort des exilés. Jaloux de sa propre gloire, le général, aujourd'hui maréchal de France, prit sur lui de violer la loi barbare qui commandait de passer par les armes tout émigré, même désarmé, que saisiraient les soldats de la république. Il remet de nuit au duc un sauf-conduit pour gagner des pays où l'application du supplice cessât d'être le droit, que dis-je, le crime du plus fort contre le malheur, même inoffensif.

On aurait tort de croire qu'en 1798, cet esprit de cruauté fût éteint; il se ravivait, et les naufragés de Calais, on se le rappelle, ne purent qu'à grand'peine et par les efforts les plus généreux, être arrachés au supplice, précisément à cette époque.

Dès 1799, la démagogie, après avoir tout dominé pendant dix ans, était dominée à son tour. Un premier consul s'élevait sur les débris du Directoire ; il tarissait à son profit les larmes du royalisme ; il ouvrait la France aux proscrits : l'émigration cessait d'être un crime irrémissible, et le duc de Doudeauville revenait avec transport habiter sa terre natale.

Le premier consul, qui préparait l'empire, en caressant les anciens amis de la monarchie, aurait volontiers prodigué ses faveurs au citoyen Doudeauville ; il l'aurait fait avec bonheur gentilhomme de sa maison future, qu'il croyait rendre, pour ainsi dire, antique et vénérable, en y plaçant des hommes à titres séculaires. Le citoyen Doudeauville n'accepta point ces honneurs domestiques ; il résista même à la perspective plus flatteuse d'être nommé par degrés législateur et sénateur.

Lorsque l'empereur, au faîte de sa puissance, dut choisir une gouvernante pour le petit-fils des Césars, entre les femmes les plus accomplies des anciennes et grandes familles, il distingua surtout deux sœurs ; la duchesse de Doudeauville refusa celui qu'alors ne refusait personne, et le choix impérial, non moins applaudi par la vertu, se reporta sur l'autre sœur, la comtesse de Montesquiou.

Au milieu de tous ces refus, le duc de Doudeauville avait fait une exception pour son département, pour le pays où, depuis les beaux jours de son adolescence, hormis le temps de l'exil, il avait vécu, chérissant ses concitoyens, chéri, révéré par eux.

Alors s'élevait une institution modeste, qui n'avait pas même une place sur l'almanach impérial. Tandis qu'on immolait le tribunat, qu'on assujettissait le sénat au huis clos et le corps législatif au mutisme, on permettait qu'il existât, dans les départements, des conseils généraux qui pouvaient délibérer, parler et voter, en secret, sur des chemins vicinaux, sur des prisons, des hôpitaux, des maisons de travail, en un mot, sur tous les modestes besoins qui font le bien-être collectif du citoyen, dans nos villes et nos campagnes.

M. Doudeauville fut choisi, dès 1805, pour siéger au conseil général du département de la Marne, et le présider.

Depuis ce moment jusqu'à sa mort il est resté fidèle à cette institution vraiment patrio- autant que l'institution est restée fidèle

2

à son illustre membre, lorsque l'élection a remplacé les choix du bon plaisir.

Dans un vaste État comme la France, au milieu des vertus communes qui sont le propre et la gloire du caractère national, l'observateur aime à distinguer des qualités que j'oserais appeler caractéristiques et qui recommandent, à des titres particuliers, nos anciennes provinces. Il me semble que la contrée dont la capitale et les principales cités avoisinent la Marne a pour caractère une honorable constance, une fidélité parfaite dans les affections entre les administrateurs et les administrés, entre les électeurs et les élus. C'est là, c'est dans un même département qu'on a pu voir un fonctionnaire, un préfet, rester inamovible par la puissance du lien mutuel entre les citoyens et lui, malgré les mutations successives du consulat, de l'empire, de la restauration et du gouvernement de juillet. On eût dit qu'à la fin les ministres mêmes, qui se faisaient une loi de tout destituer, s'arrêtaient involontairement aux rives de la Marne ; ils éprouvaient quelque chose qui ressemblait à la pudeur, et qui ne leur permettait pas de briser un lien qui, seul en France, restait intact et plus fort que deux, que trois, que quatre révolutions. C'est là que le duc de Doudeauville est resté, trente-six années, le représentant inamovible des citoyens du canton de Montmirail au sein du conseil général. Enfin c'est là qu'un grand citoyen (1) depuis plus longtemps encore est resté

---

(1) *Royer-Collard, discours aux électeurs de Vitry-le-Français* (1839) :

Messieurs, il y a quarante ans révolus que pour la première fois mon nom est sorti de l'urne électorale du département de la Marne, et depuis vingt-deux ans il a été sans interruption honoré des mêmes suffrages. Dans cet espace de vingt-deux ans, il y a eu des révolutions sociales, des révolutions de dynasties et de chartes, des révolutions de ministères et de systèmes. Les opinions ont varié, les intérêts se sont dé-

le mandataire politique de la Marne, au conseil
des Anciens, au corps législatif, aux cham-

placés, les mœurs se sont renouvelées; et cependant
la confiance qui m'avait été accordée ne m'à point
abandonné. Il y a donc quelque chose en vous,
Messieurs, il y a aussi quelque chose en moi qui ne
changeait pas quand tout changeait autour de nous.
C'est, Messieurs, je le dis à votre honneur, c'est une
ferme adhésion à ce qu'il y a de plus immuable au
monde, la justice, le droit, le fondement divin des sociétés, les lois de la morale. Vous avez jugé que j'ai été
fidèle à ces lois, que je les ai observées, que je les ai
défendues selon mes forces, dans les circonstances les
plus diverses; et c'est pour cela que vous m'appelez
encore à les défendre. Voilà le mandat que j'accepte,
le seul que je puisse remplir.

Permettez, Messieurs, qu'en me séparant de vous,
je vous dise encore cette fois combien je suis touché,
combien je suis glorieux de cette *persévérance* de vos
suffrages, qui me donnent en quelque sorte en spectacle à mon pays *dans ces jours d'instabilité univer-
selle.* Par là vous faites plus pour moi que ne pour-
raient faire les rois et toutes les puissances de la
terre.

bres de la restauration et du gouvernement
de juillet ; et qu'il a pu célébrer, par d'admirables paroles, cette vertu que je signale :
vertu qu'il faudrait proposer pour modèle et
pour censure à la versatilité de tant d'autres
départements et de tant d'autres mandataires.

Dans ce département de la Marne, dans ce
canton de Montmirail où s'élevait le château,
où s'étendaient les vastes possessions de la
duchesse de Doudeauville, le duc, par une
délicatesse pleine de bon goût et de grâce,
s'imposait la loi de n'être bienfaisant qu'au
nom ; je dirais presque au bénéfice de celle
qui partageait avec bonheur ses plus généreux
sentiments ; il ne fondait d'hospices et d'écoles
pour le pauvre, qu'au nom de celle qu'il était
avant tout heureux de faire aimer. Cette terre
fortunée, où les mœurs, les vertus, les croyan-
ces antiques étaient restées fidèles au pays, et
je dirais presque attachées à la glèbe, c'était
comme une oasis où tous les charmes et l'ur-

banité de la société française étaient venus se réfugier. C'est là qu'une hospitalité pleine de grâce était offerte à l'amitié, et surtout à l'amitié persécutée.

Anticipons sur le cours des années : transportons-nous à l'époque où le duc de Doudeauville, au faîte des honneurs, était pair, ministre, commandeur des ordres du roi. En 1826, il voit mourir, encore dans la force de l'âge, le beau-père de son fils, son plus tendre, son plus fidèle, son plus illustre ami, le duc Mathieu de Montmorency. Au sein de la chambre des pairs, suivant un noble et pieux usage, que la majesté romaine avait inauguré pour ses grands citoyens, il fait entendre le panégyrique de celui que son cœur chérissait par-dessus tous les autres. On respire un parfum de vertus, on éprouve un charme doux et pénétrant à la lecture d'un éloge où le cœur se dérobe à l'art, et montre avec simplicité la grâce et l'empire d'un caractère qu'il a suffi de connaître pour l'aimer et pour l'admirer.

Ne croyez pas qu'il s'arrête sur les grandeurs de ces Montmorency, de ces premiers barons chrétiens qui comptaient des souverains parmi leurs alliances, et dont la famille présente à la splendeur de notre histoire nationale, quatre connétables, deux grands maîtres de l'artillerie, douze maréchaux, quatre amiraux de France : il a quelque chose de plus rare à nous peindre, c'est l'âme de son ami.

« Son aménité, nous dit-il, était si constante, son esprit si conciliant, sa vertu si douce, sa piété si aimable ! Toutes ses qualités se peignaient dans ses traits et sur sa physionomie.

« Sa religion, aussi éclairée que bien entendue, était celle des saint François de Sale et des Fénelon : nulle sévérité, si ce n'était pour sa personne ; aucune rigueur, si ce n'était pour sa conduite. Il voulait faire aimer ce qu'il aimait lui-même, et il réussissait selon ses désirs. C'était en s'occupant des autres qu'il voulait s'occuper de lui. C'était en étant utile à ses semblables qu'il pouvait être agréable à Dieu ; c'était en accomplissant de son mieux tous ses devoirs, qu'il croyait exécuter les ordres et faire la volonté de celui auquel il dévouait ses actions et ses pensées.

« On lui reprochait quelquefois de pousser l'indulgence un peu loin ; c'était un beau défaut, et ce défaut est bien rare, surtout aujourd'hui. La source n'en est pas moins belle : il voyait tout à travers son âme, et son âme était si pure ! »

N'est-il pas vrai, Messieurs, que ce portrait est enchanteur, et que pour peindre un pareil ami, sous des couleurs si suaves, il a fallu que le peintre à son tour vît, *à travers son âme*, ces perfections admirables ?

Le panégyriste, sans y penser, va mériter

sa part à l'éloge, en voilant avec délicatesse un service digne d'estime, qui ne revient à sa mémoire que sous la forme d'un plaisir.

« Capable de tous les dévouements généreux pour ses amis comme pour son pays, et pour ses princes, il en donna en 1811, pour une personne célèbre et proscrite, une preuve qui lui valut *un long exil :* il le supporta avec son courage et sa résignation ordinaires. Mais, contre l'ordinaire, ce qui fut une privation pour lui, fut une jouissance pour ses amis; car il passa chez eux, à la campagne, une partie de ces temps d'épreuve; il leur procura, au milieu de bien des tribulations, des moments bien doux, par l'agrément de sa conversation et par le charme de sa société. »

Cette allusion si modérée laisse à peine deviner la monstruosité d'un acte de tyrannie, où l'on reconnaît la misère du cœur humain, aux petitesses d'un grand homme. S. M. l'empereur des Français, le roi d'Italie, le protecteur de la Confédération du Rhin, le vainqueur et le gendre de l'empereur d'Autriche, le créateur de dix rois et l'arbitre de l'Europe, en 1811, au faîte de sa puissance, ne pouvait pardonner l'indépendance d'une simple femme, qui ne courbait pas devant lui son beau génie et son âme généreuse : il avait peur que cet exemple donné par le sexe faible et timide, ne fît enfin rougir les hommes, et ne réveillât dans leurs âmes quelques instincts de liberté.

Madame de Staël, la plus éloquente des femmes et l'une des plus magnanimes, il la déporte au pied des Alpes, non loin des lieux où Voltaire vécut de même exilé par un monarque de France. Pendant la terreur de 93, la fille de Necker avait sauvé les jours de Montmorency, en l'arrachant aux bourreaux de l'époque, en le recueillant à Coppet, en l'y protégeant sous l'égide de l'ambassade Suédoise alors confiée à M. de Staël. Mathieu de

Montmorency crut pouvoir se permettre, en 1811, de quitter ses plaisirs, son pays natal et les splendeurs de Paris, pour aller consoler sa bienfaitrice; il fut fidèle au rendez-vous de la persécution, qui ne se fit point attendre. Un ordre suprême et jaloux vint l'éloigner de son illustre amie. Pour châtiment renouvelé des lâchetés et des misères de l'ancien régime, le séjour de la capitale et de ses entours dans un rayon déterminé, fut interdit à l'homme illustre déclaré coupable de reconnaissance et d'amitié. Montmirail se trouvait comme un terrain neutre entre Paris et Coppet; ses nobles possesseurs le conviaient d'y venir : ce fut là qu'il se rendit.

A Montmirail, les deux amis, Doudeauville et Montmorency, passèrent les trois années que la fortune mit en œuvre pour abattre le colosse de l'empire. Placés là sur le grand chemin de l'Allemagne et de la Russie, ils voyaient passer les six cent mille hommes que la Providence envoyait mourir les uns de gloire et les autres de misère, depuis Varsovie jusqu'à la Moscowa, depuis Moscow jusqu'à la Bérésina : bientôt après ils voyaient d'autres centaines de mille hommes levés en masse et par anticipation jusque dans les rangs appauvris de l'adolescence, pour aller mourir à leur tour depuis Bautzen jusqu'à Dresde, depuis Leipsick, depuis Hanau jusqu'à Strasbourg; ils voyaient une troisième moisson d'hommes faits et d'enfants, s'accomplir, toujours avec la même ardeur, la même intrépidité des victimes immolées à la passion des combats; enfin ils voyaient, de victoire en victoire, à Saint-Dizier, à Brienne, à Champ-Aubert, à Château-Thierry, à Montmirail, en un mot sur tous les points défensifs, entre l'Aisne, la Marne et la Seine, la grandeur militaire de l'empire s'ensevelir dans son triomphe, et ne céder qu'à l'immensité du nombre un territoire épuisé de défenseurs.

En songeant aux sensations profondes et douloureuses que ce terrible et long spectacle devait exciter chez deux hommes qui chérissaient d'un même amour la liberté et l'humanité, l'indépendance nationale et les grands monuments qu'elle a laissés depuis la vaillance des premiers barons chrétiens jusqu'à l'héroïsme de notre époque, gardons-nous d'être surpris que la douleur des maux présents réveillât en eux la religion des souvenirs attachés à la gloire de l'antique monarchie.

Les mêmes sentiments propagés avec la rapidité de l'éclair, à l'ouest, au midi, au centre du royaume, amenèrent l'ordre de choses si malheureusement appelé la *restauration*.

La charte donnée à la nation, la liberté aux citoyens, l'indépendance à la tribune, et la souveraineté partagée entre trois pouvoirs pondérés, la France aurait débuté par la concorde dans la carrière du gouvernement représentatif, si tous les chefs ou plutôt si les subalternes de l'opinion victorieuse avaient eu la modération, la douceur et la bienveillance des Doudeauville et des Montmorency. Jetons un voile sur les prétentions arrogantes qui soulevèrent des passions si furieuses, auxquelles resta toujours étranger l'homme de bien dont j'ose esquisser l'éloge.

Afin d'allier la splendeur des temps antiques aux illustrations de notre époque, les anciens pairs du royaume et ses plus grands seigneurs vinrent siéger à côté des Lanjuinais et des Boissy-d'Anglas; des Laplace et des Berthollet, des Macdonald et des Masséna.

C'est ici qu'il faut suivre nos deux amis, regardant leur grandeur officielle comme un accident de leur vie, un accessoire d'apparat à d'autres devoirs plus intimes. Leur occupation principale est de consacrer leur nom, leur crédit, leur puissance, à servir la société dans tous ses besoins, à la soulager dans toutes ses misères. C'est à qui des deux se multipliera davantage pour donner la vie, l'étendue et la prospérité aux associations les plus favorables à la civilisation, les plus chères à l'humanité. Si Doudeauville accepte la décoration de simple membre d'un ordre militaire (1), c'est pour se mettre à la tête de l'institution charitable qui prendra sous sa tutelle les veuves et les orphelins des chevaliers. Loin d'épouser les haines funestes de la restauration contre les institutions admirables sorties des précédents régimes, il vient au-devant des plus utiles, il se dévoue aux plus illustres. Il accepte de présider le conseil de perfectionnement de l'École polytechnique, il défend cette école avec fermeté contre les

---

(1) L'ordre de Saint-Louis.

énergumènes qui voulaient la détruire comme une digne conséquence de leurs réactions de 1815. Il apporte des soins plus empressés encore et plus actifs au plus humble degré de l'instruction populaire. Il repousse, à la fois, comme antichrétien et comme antinational, ce calcul intéressé des esprits rétrogrades qui se prononçaient pour qu'on replongeât dans l'ignorance les enfants de l'ouvrier et du pauvre. Il s'honore d'accepter la direction du conseil d'enseignement primaire créé pour le département de la Seine, par un préfet bienfaisant (1). Dans cette position, il protége avec un zèle éclairé les méthodes qui rendent plus faciles et plus promptes les notions de la lecture, de l'écriture et du calcul. Il se place au nombre des fondateurs d'une société peu favorisée d'abord, et bientôt après traversée

____

(1) M. le comte Chabrol de Volvic.

par un pouvoir ombrageux et jaloux, la *société de l'instruction élémentaire*, où la liberté des suffrages l'élève à la présidence, au milieu des concurrents les plus populaires et les plus illustres. Il prend place parmi les administrateurs des sourds-muets, sous la direction de son ami Mathieu de Montmorency, que trop tôt, hélas! il remplacera, quand une mort prématurée aura fait perdre aux malheureux cet illustre serviteur. Tous deux siégent au conseil général des hôpitaux et des hospices de Paris ; pour sa part de surveillance, Doudeauville accepte l'hôpital de la Pitié, l'hôpital Necker et l'hospice de La Rochefoucauld, fondation touchante de sa mère en faveur des indigents et des infirmiers vieillis au service des malades pauvres. Il veut aussi prendre soin de l'hospice des Enfants : comme s'il eût été dans sa destinée qu'il servît tour à tour la vieillesse, l'enfance et l'adolescence, dans leurs besoins, leurs infirmités et leurs souffrances, dans leurs plus humbles écoles et leurs plus hautes études. C'est encore Montmorency qu'il remplacera dans la direction de la société philanthropique, qui méritait de porter un nom que le charlatanisme et l'hypocrisie n'eussent jamais prostitué; car dans cette admirable société, l'on donne aux pauvres des secours au lieu de paroles, et l'on prodigue aux malades, au lieu d'exhortations à bien vivre, des aliments et des remèdes. Il fut un des fondateurs de la société royale des prisons, société qui, la première, porta le flambeau de l'humanité dans ces déplorables geôles que la révolution avait multipliées au lieu de les assainir; de ces cachots hérités du moyen âge, lieux méphytiques, humides, infects, privés à la fois d'air, de lumière et de propreté; c'est là qu'il s'employa de toute son âme à faire cesser des souffrances que la loi ne saurait connaître, ni la justice prononcer. Il visita souvent, avec un zèle à

oute épreuve, les prisons spéciales confiées à
on inspection, et des améliorations importan-
es furent le prix qui paya, de ce côté, son
zèle et sa charité. D'autres soins populaires
le consolaient de ces lugubres et douloureuses
fonctions ; il aimait à suivre les travaux, à
prendre part aux examens, à proposer des
sujets de concours, à décerner les prix si gé-
néreusement accordés, à l'enfance par l'école
royale et gratuite de mathématiques et de des-
sin, à l'âge mûr, par la *Société d'encoura-*
gement pour l'industrie nationale. Les discours qu'il prononçait dans les réunions gé-
nérales respiraient cette aménité, cette bonté
douce, et je dirais presque cette humanité
bienveillante et délicate, qui donne un nouveau prix aux récompenses, un nouveau
charme à l'honneur. Nommé membre du jury
central qui devait juger l'exposition des produits de l'industrie en 1823, ce jury, com-
posé des savants et des artistes les plus célè-

bres, le choisit à l'unanimité pour les présider.

Voilà, je ne crains pas de le dire, la plus belle part des travaux du duc de Doudeauville pendant les dix premières années de la restauration ; et pourtant cette bienfaisance infatigable ne lui faisait oublier aucun de ses devoirs publics. Membre assidu de la chambre des Pairs, il se montrait partisan des opinions qui fortifient le pouvoir, parce qu'il ne pouvait s'imaginer l'emploi de l'autorité que pour le bien du pays ; son âme toute bienveillante, qui concevait à peine les intentions mauvaises chez des antagonistes passionnés, les concevait moins possibles encore du côté de ses amis. Voilà les hommes que les partis, même les plus ardents, sont trop heureux d'enrôler sous leurs bannières, pour cacher derrière l'éclat d'une vertu rassurante, la violence des desseins qui s'élaborent, au sein du mystère, entre des adep-

tes moins candides et moins purs. Cela nous
explique et les fonctions politiques et les honneurs accordés au duc de Doudeauville. Pour
le flatter davantage, un même jour le voit
élever au plus aristocratique des ordres chevaleresques, avec l'illustre vicomte de Châteaubriand : c'était honorer à la fois la bienveillance et le génie, qui rehaussent si bien
la haute naissance. Le duc fut nommé successivement directeur général des postes, ministre d'État et membre du conseil privé :
institution qu'il faut souhaiter aux princes
capables d'accepter des conseils, et dignes
de choisir pour conseillers les amis de la patrie. Enfin, il fut nommé ministre de la
maison du roi, situation éminente que tant
d'autres enviaient, et que plusieurs fois il
avait refusée : tant la grandeur de ce fardeau
épouvantait sa modestie.

Parmi les emplois du premier ordre, c'était
pourtant celui de tous qui convenait le mieux

à ses penchants, à ses vertus. Cette haute position lui permettait, comme aurait dû le faire la royauté même, de rester en dehors d'une lutte violente et passionnée, dont le terme devait être la chute des téméraires qui s'attaquaient aux plus nobles conquêtes de la liberté nationale.

Le ministère de la maison du roi, tel que l'avait créé la restauration, était plus richement doté que ne le sont des royaumes entiers, dans notre opulente Europe. Tout n'était pas luxe et vanité dans la splendeur d'un trône, alors le plus brillant de l'univers. Plus de quatre millions étaient employés chaque année, à récompenser, non-seulement les services rendus à la personne du prince, mais à l'État, et qui pourtant ne rentraient pas dans le cadre inflexible des rémunérations limitées par les lois. L'infortune, sous mille formes, s'adressait à la liste civile. Les familles honorables que la misère avait frappées, ne demandaient jamais en vain pour élever leurs orphelins, soutenir leurs veuves et nourrir leurs vieillards. Les savants et les gens de lettres qui, trop souvent, ne recueillent que l'indigence pour prix de leurs veilles, trouvaient aussi là des secours : le mystère ajoutait au prix des grâces accordées ; il respectait et consolait la fierté brisée de ces hommes qui, cherchant la gloire par leurs travaux, n'avaient trouvé que l'indigence. De telles attributions auraient suffi pour faire chérir au plus généreux des hommes un ministère qui décernait tant de bienfaits. Son premier devoir était de présider avec une assiduité religieuse le conseil où l'on examinait les demandes adressées par le malheur. Une fois seulement, en trois années, épuisé de fatigues et brûlé d'une fièvre ardente, on l'invite à s'abstenir de présider ce conseil : « Il n'est pas indispensable, répond-il, que ma santé soit préservée, il l'est que les malheureux n'attendent pas ; » et les malheureux, sous ses auspices, n'ont jamais attendu.

Une autre partie des devoirs attachés au ministère de la maison du roi, vient en aide au progrès des connaissances utiles, dont le Conservatoire est en quelque sorte la pépinière.

Ce ministère, par les manufactures de l'ordre le plus élevé fondées et maintenues à ses frais, se trouve placé pour ainsi dire aux avant-postes de l'industrie, afin d'en préparer, d'en assurer les plus difficiles conquêtes. C'est dans les manufactures royales que l'opulence du trône peut permettre des essais trop coûteux pour que l'industrie privée les ose risquer, sur la simple espérance de résultats qui ne soient pas immédiats et certains.

Le duc de Doudeauville comprit avec grandeur ce rôle vraiment supérieur aux misères d'une concurrence avare et jalouse. Il fit avec d'énormes sacrifices, tirer d'Angleterre, et conduire en France, pour les manufactures royales de tissus, la race si précieuse des moutons à longue laine ; race perfectionnée sous un climat favorable, par l'admirable intelligence des éleveurs britanniques.

Avec les toisons naturalisées par notre agriculture, des tissus nouveaux, aussi brillants que variés, proportionnés par degrés à toutes les fortunes, sont devenus, pour l'industrie particulière, l'objet d'un commerce opulent.

L'éducation du ver à soie, livrée depuis des siècles à l'ignorance routinière, attendait les bienfaits de la science, afin de préserver des intempéries de l'air, les transformations et l'industrie d'une chrysalide que les miracles de nos filatures seront toujours si loin d'égaler. Le duc de Doudeauville a donné, dans la forêt royale de Sénart, l'emplacement où la magnanerie modèle est devenue pour la

France un exemple des succès qu'il est possible d'obtenir dans le nord même du royaume. L'infaillibilité des récoltes de la soie multiplie les produits, diminue les sacrifices, et rend accessible aux modestes fortunes la plus élégante parure que puisse porter la beauté.

Il faut signaler un bienfait plus précieux encore, parce qu'il a pour objet et pour résultat de combler une lacune déplorable dans l'instruction du peuple.

D'un côté les beaux-arts, de l'autre les arts et métiers avaient leurs musées, leurs conservatoires, leurs écoles spéciales : la seule agriculture ne présentait en France aucun établissement national où la pratique et la théorie fussent réunies pour aider aux progrès, à l'économie du plus important des arts. C'est encore à cet objet que le duc de Doudeauville fit servir la munificence royale ; il obtint du roi que la belle terre de Grignon, qui valait un million de francs, serait acquise aux dépens de la liste civile, et mise gratuitement à la disposition des fondateurs de l'institution agronomique, pour former des élèves propriétaires, fermiers, garçons de ferme et simples bergers, en faveur de tout le royaume.

La surintendance des beaux-arts, des musées, des monuments royaux, était ensuite le plus bel apanage du ministère de la maison du roi. C'est dans cette surintendance qu'on pouvait, par des sacrifices éclairés, enrichir les collections, qui sont à la fois l'instruction et le charme du public. C'est là qu'on pouvait fonder des musées nouveaux, tels que celui des antiquités égyptiennes, créé sous le ministère du duc de Doudeauville. C'est là qu'on pouvait récompenser avec justice et dignité les grands artistes, en leur commandant des chefs-d'œuvre; c'est là qu'on pouvait favoriser, développer le génie naissant auquel on offrait des moyens d'étude, et souvent même d'existence : semer ainsi, c'était préparer, pour la génération prochaine, les renommées qui perpétuent la gloire de la patrie.

Eh bien, ces jouissances si pures, ce bonheur de concourir au culte de la vertu, à l'utilité publique, à l'ornement du royaume, en faisant aimer un prince rempli de bonté naturelle, d'affection pour ses amis, de séduction pour les siens, et Doudeauville en était un, il fallut quitter tout cela par dévouement, pour avertir un roi qui, venu trois cents ans plus tôt, aurait pris peut-être place dans l'histoire auprès de Louis XII ; mais qui, se trompant d'époque, et méconnaissant l'esprit indépendant et fier de la génération nouvelle, présenta l'étrange contraste du plus affable des monarques, obligé par erreur de conscience à braver l'impopularité, pour restaurer un pouvoir de droit divin, quand la Divinité marquait cette œuvre du sceau qui fait périr la puissance des dynasties !

Ce n'est pas moi qui voudrais ici rallumer

des passions, et présenter sous des couleurs irritantes des souvenirs encore si rapprochés de nous et dont je voudrais adoucir l'amertume.

Le ministère auquel M. le duc de Doudeauville n'appartenait guère que de nom, marchait à grands pas vers son but; il croyait ce que Mazarin avait cru jusqu'au matin de la journée des barricades, après les victoires du grand Condé; il s'imaginait que, chez un peuple ivre de gloire militaire, pourvu qu'on l'employât à remporter des victoires, on pouvait tout lui prendre en échange de son sang; il se figurait que l'Espagne envahie ferait pardonner l'envahissement de nos libertés : il se trompait. La garde nationale de Paris, cette expression la plus élevée et la plus intelligente de la cité sous les armes, se chargea de le révéler au monarque par des cris que la discipline interdit, que le sang-froid légal désavoue, mais que la véhémence du patrio-

tisme arrache des cœurs, en certains moments,
comme la voix profonde et passionnée de la
patrie. La sympathie n'était pas dans l'âme
du prince pour comprendre cette voix. La
soirée funeste qui suivit la revue fastique ne
porta point conseil aux irritations de la journée. Le lendemain la France apprit par le
Moniteur, que la garde nationale de Paris,
cette garde dont les citoyens intrépides avaient
combattu les Anglais et les Cosaques ; celle
que les ennemis, en 1814, en 1815, avaient
respectée ; cette garde tombait sous la main
funeste de la restauration.

A la violence du coup, le duc de Doudeauville comprit la violence des desseins tenus en
réserve par les inventeurs d'un pareil acte :
il leur refusa son concours, et, sans hésiter
un moment, il rendit sa résolution irrévo-
cable.

A la sortie d'un conseil secret, où ses avis,
qui renfermaient le salut de la monarchie,

n'avaient pu prévaloir sur les mauvaises passions et les amours-propres blessés, il se retire à l'hôtel du ministère qu'il va quitter pour jamais; il ordonne qu'on lui porte, à toute heure de la nuit, le premier exemplaire du *Moniteur* qui devait annoncer la plus coupable des résolutions; il écrit sa démission d'avance (1),

---

(1) *Voici sa lettre prophétique :*

SIRE,

« Moi aussi j'aime la force et la fermeté, mais il ne suffit pas de frapper fort, il faut frapper juste, Or, la mesure que vos ministres viennent de prendre est aussi fausse qu'elle est *violente;* d'ailleurs elle en annonce et en amènera *d'autres de même nature*, qui pourront être *funestes*, et auxquelles je ne veux pas prendre part.

« N'est-il pas impolitique de faire perdre à Votre Majesté l'affection de la ville de Paris, qui, depuis quarante ans, a toujours décidé du sort du royaume?

« N'est-il pas imprudent de faire quarante mille mécontents, auxquels on est obligé de laisser quarante mille fusils? |

et prédit avec énergie les malheurs sur lesquels on fermait les yeux du monarque. Cependant il doute encore, et quelquefois il espère, par dévouement et par amour pour la dynastie; enfin, il reçoit la feuille fatale. A l'instant sa lettre part pour le Château, et lui pour sa maison privée : tranquille avec sa conscience, sans songer un moment de plus au sacrifice qu'il vient de faire, il goûte le repos du juste; et la France peut compter, sous les formes les plus polies de l'homme de cour, un grand citoyen de plus.

« N'est-il pas maladroit et coupable de faire croire à la France, à l'Europe, que Charles X, qui mérite si bien l'amour des ses sujets, et qui en a reçu hier tant de témoignages, n'en est point aimé?

« Pour moi, je lui suis trop dévoué pour vouloir partager une telle faute, pour vouloir y contribuer, et quoiqu'il m'en coûte de m'éloigner d'un si bon roi, je le prie d'accepter ma démission; j'espère qu'il verra, dans ce sacrifice, une preuve de plus de mon zèle, de mon attachement et de mon respect. »

Le duc de Doudeauville se retira sans bruit, sans faste, sans plainte; sa douleur fut pour le roi, qu'il aimait toujours, et pour l'État, dont il prévoyait les déchirements prochains. Comme il ne jouait pas un rôle, sa modération n'eut rien de momentané : ses regrets ne le poussèrent pas du milieu des défenseurs au milieu des assaillants; toujours exact à remplir ses devoirs de législateur, il allia les convenances à la dignité par la réserve et le silence.

Voilà comment il mérita pour lui-même l'éloge qu'il avait fait de la simplicité, pleine à la fois d'abnégation et de grandeur, avec laquelle son ami s'était retiré du pouvoir (1).

---

(1) « Il semble n'avoir été ministre que pour montrer comment on devait agir lorsqu'on ne l'était plus : et sa conduite calme, noble, vertueuse, car la vertu seule était la base de toutes ses actions, le mobile de toutes ses démarches, rendit sa retraite plus honorable que n'aurait pu l'être le plus long et le plus brillant

Après avoir fait un bien immense dans la position où l'on pouvait l'étendre à tout le royaume, il rentra dans l'exercice du bien qu'il pouvait faire autour de lui. Il revint à ses vieux amis, les laboureurs du canton de Montmirail, pour soigner avec un nouveau zèle leurs écoles, leurs églises, leurs hospices et tous leurs humbles intérêts. Dans la partie de l'année que sa dignité de pair l'obligeait à passer au sein de la capitale, il revenait à d'autres amis, les nécessiteux du faubourg Saint-Germain qu'il habitait, les Jeunes-Aveugles et les Sourds-Muets, deux institutions dont il présidait, je vous l'ai dit, le conseil gratuit. D'autres moments étaient consacrés à la Société d'encouragement pour l'industrie nationale; d'autres à ce Conservatoire, heureux

---

ministère. » Un an, un mois, un jour après avoir prononcé cet éloge de Montmorency donnant sa démission, Doudeauville donnait la sienne.

d'avoir vu continuer, chez le président de son conseil de perfectionnement, le patronage d'un second La Rochefoucauld.

Après la révolution de juillet, le duc de La Rochefoucauld-Doudeauville s'imposa de rester à la chambre des Pairs, pour y défendre les institutions que cette chambre avait si noblement protégées sous la restauration. Lorsqu'arriva le procès des ministres de Charles X, il ne déserta point l'auguste tribunal ; il y siégea, non pour se déclarer l'apologiste des imprudents dont les mesures venaient de renverser le trône qu'il avait si dignement servi, car il blâmait d'autant plus leurs actes qu'il déplorait avec plus de sincérité la chute d'un roi que ses ministres n'avaient pas assez chéri *pour lui refuser sa perte ;* mais loin que sa douleur étrangère à la vengeance, s'acharnât contre leur vie, il suffisait, pour qu'il voulût la leur sauver, que la fureur des passions rendît périlleux cet acte de clémence.

Après le jugement, il proposa, dans les termes d'un sentiment affectueux, d'exprimer à la garde nationale de Paris la reconnaissance de la Pairie et celle de la France, pour le dévouement et le courage apportés par les citoyens sous les armes, afin de protéger les jours des accusés et la liberté des juges; puis il rentra dans son silence, et reprit, pour tout le cours de 1831, sa vie dévouée aux infortunés.

Une grande circonstance le fit de nouveau monter à la tribune. Un seul article de la charte de 1830, réservé pour un moment plus paisible, restait encore à voter. On appelait la Pairie même à prononcer sur la perte d'une prérogative, que les plus graves publicistes et, par-dessus tous les autres, le sage Montesquieu, l'auteur de l'*Esprit des Lois*, considéraient comme la sauvegarde du trône et la protectrice de la liberté du peuple.

Le duc de Doudeauville, obligé de se prononcer sur une question vitale, où ses lumières lui commandaient d'opiner en faveur

d'un intérêt qui pouvait sembler personnel,
prit sans mystère un parti plein de grandeur
d'âme. Il prévint ses nobles collègues qu'il
parlerait et voterait pour l'hérédité; mais que,
dans le cas même où l'opinion qu'il allait défendre deviendrait triomphante, il donnerait
sa démission, pour se priver d'une grande prérogative, et la remettre intacte à sa patrie.

La fortune lui refusa l'occasion de montrer
dans tout son éclat ce rare désintéressement;
l'hérédité fut rejetée.

Treize pairs, aussitôt après, donnèrent leur
démission; le duc de Doudeauville crut encore devoir attendre. Une dernière fois il prit
la parole pour repousser un projet d'abolir la
cérémonie expiatoire du plus redoutable
crime qu'ait commis la plus sanglante époque
de nos excès révolutionnaires. Alors sa persévérance crut être arrivée au terme où ses affections intimes lui commandaient une retraite
après laquelle il soupirait.

Depuis l'amnistie légale du régicide judiciaire, nous avons vu l'audace des sicaires, en neuf années, tenter six fois le moyen qui révolte le plus nos mœurs loyales et sincères, l'assassinat du coin des rues, pour arriver au plus funeste parricide. Nous avons vu les vertus supposées des assassins, impudemment préconisées, pour apaiser, pour égarer, s'il se pouvait, par l'intérêt répandu sur le criminel, la conscience du pays soulevée contre le crime. A ce spectacle, la courte prévoyance humaine a dû se demander si les hommes d'État qui repoussaient l'abolition de la flétrissure solennelle d'un aussi grand forfait, n'étaient pas entrés plus profondément que tous les autres dans les décrets de la Providence, et s'ils n'avaient pas plus sagement assigné les conditions auxquelles elle concède à l'ordre social, avec le culte de la vertu, la sécurité, la paix et la concorde qu'il fait naître !

Au moment où le duc de Doudeauville quittait la chambre des Pairs, nous étions en janvier 1832. Dès le mois de mars, le choléra, franchissant la largeur de la France, s'élançait, d'un seul vol, des bords du Rhin aux bords de la Seine. C'est alors que le bon duc remplit avec un zèle admirable ses fonctions d'administrateur des hôpitaux et de président de la Société philanthropique ; son courage, et c'est tout dire, fut égal à sa charité, et son activité se multiplia sans mesure.

Lorsque l'épidémie eut achevé ses ravages à deux fois renouvelés, la santé d'un vieillard déjà presque septuagénaire, se trouvait profondément affaiblie ; en cet état, il crut pouvoir quitter Paris, où rentrait la sécurité, pour aller respirer l'air pur et doux de la Champagne, sa province bien-aimée.

Ce n'était plus le ministre favori d'un roi, ce n'était plus le pair de France, ce n'était pas le défenseur des idées qui plaisaient au peuple, c'était mieux : c'était simplement un bienfaiteur du peuple. Aussi, malgré le contre-temps d'un violent orage et d'une pluie qui tombait par torrents, la population, tout entière , s'était portée au-devant du vénérable Doudeauville; en sa personne, elle adressait à la seule vertu ses bénédictions et ses hommages.

Autant qu'un sage et qu'un chrétien en paix avec sa conscience peut vivre heureux, malgré l'âge et les infirmités, autant le fut l'homme de bien dont nous rappelons les actions publiques et privées, au sein d'une famille dont il était à la fois l'amour et l'orgueil, en compagnie d'amis fidèles, qui l'avaient trouvé d'une affection toujours la même, et dans la bonne et dans la mauvaise fortune.

En 1833, l'occasion se présenta pour les citoyens du département de la Marne de conserver, d'offrir par leurs libres suffrages, au duc de Doudeauville, la double mission de membre et de président du conseil général : mission accomplie depuis vingt-huit ans avec une constance que déjà nous avons signalée.

Quelle leçon donnée, par cet acte, aux égarements qui perdirent en trois jours un gouvernement, et quelle leçon nous est offerte à nous-mêmes !...

L'une des études les plus secourables pour l'humanité, c'est l'art qui fait, après la mort, chercher à travers les lésions du système organique, le secret des maladies les plus mystérieuses dans leur source. Le génie de l'observateur surprend ainsi la nature sur le fait ; il découvre en même temps ce qu'il nous est donné de découvrir pour prolonger notre existence.

Les grandes sociétés, les nations entières et leurs gouvernements, considérés comme des corps animés, intelligents, passionnés, doués d'une vie qui leur est propre, avec un caractère qui les distingue, on peut espérer, au même titre, d'en connaître et d'en guérir les infirmités prématurées, les maux organiques, et jusqu'aux maladies suprêmes. Voilà ce qu'on parvient à faire en examinant d'un œil profondément attentif les débris, je dirais presque les cadavres des gouvernements, lorsqu'ils ont succombé sous les coups d'une révolution soudaine et violente. C'est au milieu de leur brisement et de leur chute, que leur structure est mise à nu et rendue sensible aux regards pénétrants qui savent observer et découvrir.

Trop souvent alors on reconnaît qu'ils ont péri du côté qui laissait les chefs de l'État dans une sécurité sans réserve, et qu'ils pouvaient être sauvés du côté d'où s'élevaient d'irrésistibles alarmes.

Voilà les réflexions qui souvent se sont offertes à ma pensée, après la révolution de 1830; et qui se sont représentées à mon esprit, avec une force nouvelle, en méditant sur une vie d'où je voudrais faire jaillir des enseignements salutaires.

La classe moyenne, cet appui le plus certain des gouvernements modérés et libres, cet appui tutélaire des monarchies constitutionnelles qui ne peuvent durer sans elle, la classe moyenne était l'objet des méfiances invincibles de la restauration.

Le gouvernement désarme cette classe en 1827; et, trois ans plus tard, cette même classe l'eût sauvé de ses propres excès, si, dans la capitale, elle eût conservé l'admirable institution de sa garde civique. Il attribuait à des terreurs pusillanimes les appréhensions prophétiques des hommes d'État, tels que Doudeauville; il ne voyait pas que ces hommes si sages et si modérés, en se retirant de la voie où l'on courait ainsi, se retiraient d'un abîme dont tout le monde apercevait le voisinage et l'attraction : excepté ceux que le gouffre réclamait, et qui s'y jetaient, comme en triomphe, au nom du salut et de la victoire.

Les défenseurs des libertés nationales réclamaient pour les citoyens des départements une juste part dans la direction des affaires départementales; ils demandaient, pour les administrés l'élection des personnes qui jusqu'alors étaient censées les représenter dans les conseils généraux. Des prétentions si modérées épouvantent ; des espérances légitimées par la raison révoltent l'oligarchie. De peur que l'industrie et le travail, sous forme de classe moyenne, ne viennent s'asseoir aux conseils départementaux, on joue, avec le dé du privilége, l'existence d'une restauration, d'un gouvernement, d'une dynastie. A l'aspect irrité de la volonté nationale que révolte tant d'injustice, on s'en prend comme d'un piége, à l'administration la plus sage, la plus conciliante envers le peuple, et la plus dévouée au trône (1) ; on la destitue, plutôt que d'obéir à la raison, qu'elle a conseillé d'écouter. Entre deux partis passionnés, sa faute impardon-

____

(1) Le ministère où brilla surtout M. de Martignac, cet admirable homme de bien qui mourut pour défendre le moins facilement justifiable de ses antagonistes.

nable est de se montrer modérée. La sécurité même, qu'elle puise dans ses lumières et dans sa conscience, est son crime aux yeux des préjugés et de la peur.

Il n'a fallu ni moins ni mieux que les successeurs de tels hommes, pour perdre ce qu'ils avaient mission de consolider, la restauration : à présent voyez ce que leur chute a révélé.

Ces conseils généraux qui devaient, prétendait-on, devenir hostiles aux classes supérieures, si l'élection en ouvrait la porte aux classes intermédiaires, ils ont conservé, malgré l'élection, ou plutôt en vertu du droit même de choisir, toutes les grandes familles honorablement populaires, les La Rochefoucauld, les Choiseul, les Molé, les Broglie, les Crillon, les Louvois, les Lepelletier, les Ségur, les Tascher, et cent autres maisons anciennes et révérées. L'élection y joint, il est vrai, les illustrations enfantées par la république et l'empire, les célébrités de la science et des arts, les notabilités de l'agriculture, des fabriques et du commerce. Mais, loin d'être rendus par là moins monarchiques, jamais, au contraire, les conseils généraux n'ont paru plus amis de la sagesse constitutionnelle, qui, dans la splendeur et la durée du trône, reconnaît à titre d'alliance nécessaire, la splendeur et la durée de la société française.

Aussi, plus clairvoyante et mieux inspirée que la restauration, la révolution de juillet a senti qu'elle trouverait dans les conseils généraux, rendus populaires, un appui d'autant plus sûr et plus durable pour la dynastie nouvelle, un refuge, au besoin, contre les passions subversives. Lorsqu'elle a trouvé l'administration en dissidence avec les conseils municipaux sur une question malheureuse et délicate, c'est à la sagesse conciliatrice des conseils généraux qu'elle s'est adressée pour obtenir un assentiment, un suffrage, non-seulement impartiaux et désintéressés, mais bienveillants et secourables.

Il ne reste plus à rappeler qu'un beau souvenir de patriotisme pour avoir achevé l'esquisse des nobles actions que la vertu, toujours si modeste, de Doudeauville n'a pas pu cacher à la reconnaissance nationale.

Au milieu de l'été dernier, l'outrage supposé de l'Europe envers la France, fait bondir le cœur d'un vieillard de soixante et quinze ans; il écrit à l'instant une lettre où respire un noble amour du pays et de sa dignité. Il offre à la patrie sa part de sacrifices pour soutenir l'honneur de la nation contre des ennemis que jamais la nation n'a comptés, quand il s'est agi de sauver sa gloire.

J'arrive au terme de la tâche que je m'étais imposée : retracer avec fidélité dans la longue carrière du duc de Doudeauville, les bonnes actions de tous les jours, et les belles actions des jours critiques où l'homme d'État classe sa vie, pour mériter, soit l'amour, soit la haine de la postérité. Voilà l'existence d'un homme qui n'a jamais flatté le peuple, et qui l'a toujours servi ; qui n'a pas craint de s'opposer au développement trop rapide des libertés effervescentes ; qui s'est montré fidèle à son culte religieux, à son culte politique, comme au culte de la famille et de l'amitié. Nous avons vu comment il fut aimé pendant sa vie. Il faut, pour achever le tableau, vous montrer comment sa mort fut déplorée.

Dans ses dernières souffrances, il reçoit les marques les plus touchantes de l'affection profonde qu'avait pour lui la population de la contrée circonvoisine. Après que le pieux Doudeauville a rendu son âme à Dieu, les habitants de Montmirail et ceux de la campagne ne cessent pas d'accourir pendant quatre jours, que les restes mortels de leur bien-aimé concitoyen restent exposés dans une chapelle ardente : ils viennent s'agenouiller et prier, ils viennent bénir celui qui, durant sa vie, avait été pour eux un consolateur, un conseil, un ami, un père.

Et quand est venu le jour des funérailles, les paroisses d'alentour se mettent en marche, sans autre convocation que celle du cœur; la sonnerie des églises du pays tout entier, répète dans les airs l'unanimité des douleurs. Les communes en masse arrivent avec leur clergé, leurs officiers municipaux, leurs gardes nationales; les vieillards amènent les petits enfants, et les veuves les orphelins; tout ce peuple silencieux, et recueilli dans ses souvenirs, redit en son âme, comme un hymne à la vertu, les bienfaits du bon duc, et ses paroles tant humaines, et ses actions supérieures à ses paroles. Voilà, même à présent, où l'on nous peint si faussement les classes inférieures comme implacablement haineuses à l'encontre de la grandeur, de l'opulence et de l'illustration, voilà la reconnaissance et la piété du peuple envers l'homme illustre et d'une illustre famille, qui, par la seule bonté de son âme, s'était fait, sans s'en douter, le duc populaire.

Oh ! quel contraste à la fois effrayant et salutaire présente la sainteté pacifique de ces sublimes obsèques , rapprochées des farouches attroupements sommés de conduire à l'oubli de la tombe ces agitateurs du peuple, qui n'ont jamais été ses bienfaiteurs ! Vous, qui n'agissez sur les âmes que pour y fomenter des sentiments mauvais et des passions violentes, vous pouvez bien pendant votre vie ménager à votre orgueil des simulacres d'ovations où l'on vous déclare, avec une voix qui fait trembler la cité , les seuls objets de son amour ; vous n'obtiendrez jamais , pour jugement et pour honneur de votre lugubre existence, que l'attendrissement et la piété suivent vos funérailles. Les hommes que vous aurez égarés par votre voix perturbatrice s'amasseront, s'ameuteront, s'il le faut, et si le mot d'ordre est donné, derrière votre cercueil, comme à votre dernière sédition, mais la bénédiction des bons cœurs ne vous suivra pas ; les cris qui font naître l'é-

pouvante pourront être proférés à vos obsèques, des pleurs n'y seront pas versés ; des
paroles d'anathème s'élèveront autour de votre tombe comme un encens digne d'elle,
contre l'ordre social, contre la Providence,
contre l'éternité qui vous saisit au départ de
la vie ; mais les bénédictions, les vœux, les
prières qui portent bonheur à la patrie ne
jailliront que du tombeau du sage et du bon.
Votre mémoire, enfin, sera trop heureuse si
le sang des guerres civiles n'est pas versé sur
votre fête du néant, comme autrefois on ver-
sait celui des victimes humaines, pour solen-
niser les divinités de la destruction. Voilà votre popularité ! (*Ici le professeur est inter-*
rompu par les unanimes et longues accla-
mations de l'auditoire populaire.)

Qu'on ne s'étonne pas, quand je rapproche
ainsi des scènes qui sont à la fois la glorification
du bien et la flétrissure du mal ; s'il est toujours
honorable d'encourager l'un, il est plus sage,
il est plus nécessaire que jamais de décourager

l'autre. Nous vivons au milieu d'une lutte implacable entre les deux principes; ils se disputent à l'envi la classe laborieuse, l'un pour son bien-être, l'autre pour sa misère; l'un pour lui montrer à bien vivre, en prospérant par le travail et par l'instruction, l'autre en lui présentant l'image de la spoliation et de la fainéantise; l'un en ouvrant son cœur à toutes les vertus domestiques, à tous les sentiments du bon citoyen, l'autre en lui prêchant le mépris des biens sociaux et religieux, en se riant de la famille, en se jouant du mariage, en insultant à la paternité, et, par-dessus tout, en méprisant chez autrui le droit tutélaire de la propriété. Voilà les deux génies adverses qui se disputent, avec des triomphes divers, nos villes et nos campagnes. Qui le croirait! presqu'au même instant où la population de Montmirail, paisible et vertueuse, donne à la France le spectacle sublime de ses hommages pieux, reconnaissants et désintéressés, voici venir la populace pervertie des villages bâtis sur les vieux volcans de l'Auvergne ; elle descend de ses cratères comme une lave réchauffée qui dévaste tout devant elle ; poussée par le génie de la destruction, la horde s'attaque aux églises, aux presbytères ; elle s'abat sur les maisons dont l'aspect annonce un peu d'aisance ; la voici ! la voici qui s'écrie, avec la fureur et l'instinct des Peaux-Rouges assaillant les postes avancés, puis les sanctuaires de la civilisation du nouveau monde : Détruisons l'espoir des Peaux-Blanches, abattons la maison du riche, et la maison de la prière. Ce dernier mot de la réforme sociale remplace, à cinquante ans d'intervalle, le premier cri révolutionnaire : Guerre aux châteaux, paix aux chaumières, et tolérance, en attendant, aux habitations moyennes...

Dans les cités, la spoliation des magasins, des boutiques, des ateliers agrandis, perfectionnés, enrichis par l'industrie privée, n'entrait pas moins dans le plan des logiciens extrêmes, qui, poussant à leurs dernières limites la conséquence des sophismes avancés par les perturbateurs de la société, aspirent à dépouiller de leurs biens, même les hommes de parti qui ne voudraient dépouiller que la patrie, que les lois, que le gouvernement, en y joignant, pour riche appoint, le patrimoine envahi de ceux qu'on s'est efforcé de rendre un objet de haine et d'envie, sous la qualification *d'hommes de loisir.*

Nous chercherions en vain à dissimuler l'horreur que nous inspirent les doctrines qui tendent à pervertir un grand peuple, à lui ravir la civilisation qui fait sa gloire, les arts qui font sa splendeur, sa prospérité, son bien-être. Néanmoins le sentiment de la compassion devient le plus fort dans nos cœurs, lorsque nous pensons aux pauvres victimes d'une crédulité qui les entraîne à leur perte. Sans doute c'est en profitant des mauvais instincts dont le

germe est déjà dans certaines âmes, que l'on
conduit des esprits bornés et faux à des actions
féroces, à ces dévastations qui portent au loin
l'épouvante. Mais les premiers, mais les plus
grand criminels, ayons le courage de le dire,
ce sont les déclamateurs subversifs qui, par
un effroyable abus de leur génie, s'appliquent
à verser le venin et le désespoir en des cœurs
qu'il faudrait au contraire relever par la consolation, qu'il faudrait surtout ranimer par
l'espérance, que chaque jour il faudrait préserver du besoin, en multipliant, en perfection-
nant les moyens du travail, et par suite sa légitime récompense. Le plus grand attentat
contre l'ordre social, c'est d'exaspérer les esprits crédules, au lieu de les éclairer ; c'est de
leur annoncer, qu'en dehors de la paix publique, en dehors du labeur intelligent, honnête,
libre et protégé, qu'en dehors de l'instruction
offerte à l'enfant du peuple dans les salles
d'asile, dans les écoles primaires ou secon-

daires, dans les écoles d'industrie, et dans ce lieu même, qu'en dehors de tous les moyens de rendre chaque ouvrier, chaque artiste, plus savant, plus adroit, plus habile, et producteur à des termes plus profitables, qu'en dehors de tous ces éléments permis d'existence et de prospérité, il peut exister, pour la classe ouvrière, autre chose que la misère et la famine, qui la frappent la première, quand un esprit de jaquerie s'attaque aux possessions des hommes dont les capitaux vivifient et fécondent le travail manuel du peuple.

Je sais bien que l'assurance effrontée des fauteurs de subversions leur fait traiter de chimères les malheurs que peut encourir la société, aussi longtemps que le danger, précurseur du crime, n'a pas fait place au crime accompli. Une dérision satanique outrage les efforts des citoyens prévoyants qui vont au-devant du désastre pour tâcher de le conjurer. Voilà l'accueil que les séducteurs du peuple faisaient l'an dernier aux conseils que j'adressais à la classe ouvrière, lorsqu'une action mystérieuse et conspiratrice les arrachait de leurs ateliers, leur commandait le chômage en pleine abondance de travail, les ameutait au nom de la faim, quand le pain était à bas prix, et leur mettait des poignards dans les mains! Je signalais alors les sourdes menées que je devinais à leurs effets sans cause apparente, et qu'on traitait d'imaginaires. Qu'en dirait-on aujourd'hui? Je conjurais les hommes qu'on égarait (1), d'ouvrir les yeux sur l'abîme au bord duquel on les menait à l'aveugle, en les enchaînant par d'exécrables serments ; j'aurais tout bravé pour les préserver du malheur. Ceux qui les précipitaient dans les conjurations se riaient de ma sollicitude, et les sub-

---

(1) *Conseils adressés aux ouvriers français.* — Août 1840. — *Bien-être et Concorde des classes du peuple français.* — Novembre 1840.

tils démagogues qui présidaient *de haut et de loin* au choix, à l'emploi des victimes, n'avaient pas assez de dérision et d'injures pour la plus simple et la plus naturelle des sollicitudes. Oseraient-ils aujourd'hui mépriser cette prévoyance et la traiter de calomnie contre les réformateurs de bas étage qui devancent tous les mots d'ordre, dépassent tous les programmes, et bravent tous les désaveux?...

Je ne puis pas me refuser à la compassion pour les malheureux que les tentateurs, sortis du pandémonium des factions coalisées, précipitent dans leurs embûches; je m'attendris sur ces hommes qu'on a pervertis et fanatisés, en leur faisant promettre de rester fidèles au crime sous peine de mort! Mon cœur s'ouvre à tous les sentiments que la commisération peut commander sans compromettre par faiblesse la conservation de la société. Puissent de tels infortunés faire voir à la France qu'ils ont été seulement égarés, et que la patrie peut encore ne pas désespérer de leur repentir ! La clémence a ses miracles, lorsque sa charité s'applique au salut des criminels.

Pour nous, hommes de travail et d'utilité, concourons d'un commun effort à soutenir l'édifice social que tant d'hommes pervers s'efforcent d'attaquer et si peu d'autres de défendre ; que chaque ambitieux voudrait dégrader, démolir jusqu'à certain degré d'abaissement, en acquérant ainsi la popularité, pour la garder et l'exploiter jusqu'au moment où de nouveaux venus, plus subversifs, plus niveleurs que le premier, lui raviront à leur tour sa popularité d'abatage, en proposant de démolir encore plus bas.

Certes, si renverser est l'œuvre de l'ignorance et de la brutalité, édifier est l'œuvre de l'industrie, de l'ordre, de la sagesse et du génie. Les leçons de tous les maîtres, les conseils de tous les sages, ne peuvent avoir d'autre but légitime que de former la jeunesse, pour la rendre plus habile à consolider l'édifice de la patrie, en y ménageant à chacun, avec sécurité, une place plus fortunée. Voilà le but des enseignements donnés à toutes les classes laborieuses dans le Conservatoire des arts et métiers, où nous ne voulons pas former seulement les industriels les plus instruits que puisse posséder l'Europe, mais les meilleurs et les plus généreux citoyens, mais des hommes de cœur et de talent dont les efforts puissent accroître cet héritage de gloire qui place *le vrai peuple français* au premier rang des nations.

FIN.

OUVRAGES

Publiés par l'auteur sur les travaux publics, l'industrie, les sciences et l'enseignement des classes ouvrières.

Mémoires sur la marine et les ponts et chaussées de France et d'Angleterre. Paris, 1818, in-8.

Progrès de la marine française depuis la paix. Paris, 1820, in-8.

Voyages dans la Grande-Bretagne, entrepris relativement aux services publics de la guerre, de la marine et des ponts et chaussées, de 1816 à 1821, présentant le tableau des institutions et des établissements qui se rapportent à la force militaire, à la force navale et aux travaux civils des ports de commerce, des routes, des ponts et des canaux, et à la force productive. Paris, 1820-1824, 6 vol. in-4, avec 3 atlas.

Influence du commerce sur le savoir, sur la civilisation des peuples anciens et sur leur force navale. Discours académique. Paris, 1822, in-8.

Discours d'inauguration de l'amphithéâtre du Conservatoire des arts et métiers. Paris, 1822, in-8.

Du Commerce et des travaux publics en Angleterre et en France. Discours. Paris, 1823, brochure in-8.

Considérations sur l'avantage de l'industrie des machines en France et en Angleterre. Discours académique. Paris, 1824, in-8.

Applications de géométrie et de mécanique à la marine, aux ponts et chaussées, etc., pour servir de suite aux développements de géométrie. Paris, 1824, in-4. *Les développements,* Paris, 1813, in-4.

Progrès de l'industrie française, depuis le commencement du XIXe *siècle.* Discours, etc. Paris, 1824, in-8.

Avantages sociaux d'un enseignement public appliqué à l'industrie, en réponse aux observations de la commission du budget de 1825, faites dans son rapport à la chambre des députés. Paris, 1824, brochure in-8.

Introduction d'un nouveau cours de géométrie et de mécanique appliquées aux arts, à l'usage des ouvriers, etc. Discours prononcé à l'amphithéâtre du

Conservatoire des arts et métiers, le 11 novembre 1824, brochure in-8.

Géométrie et mécanique des arts et métiers et des beaux-arts : cours normal à l'usage des artistes et des ouvriers, des sous-chefs et des chefs d'ateliers et de manufactures, professé au Conservatoire des arts et métiers. Paris, 1825 et 1826, 3 vol. in-8. — Un volume sur la géométrie, un sur les machines, un sur les forces motrices de l'homme, des animaux, etc.

Discours et leçons sur l'industrie, le commerce et la marine, et sur les sciences appliquées aux arts. Paris, 1825, 2 vol. in-8 (*).

Tableau des arts et métiers et des beaux-arts, présenté pour servir à propager l'institution des cours de géométrie et de mécanique appliquées aux arts dans les villes de France. Paris, 1826, in-8.

Effets de l'enseignement populaire de la lecture, de l'écriture et de l'arithmétique, de la géométrie, de la mécanique, appliquées aux arts, sur les prospérités de la France : discours prononcé dans la séance d'ouverture du cours normal de géométrie et de mé-

(*) Ces deux volumes contiennent la collection des discours et l'analyse des leçons antérieures à 1825.

canique appliquées, le 30 novembre 1826, au Conservatoire des arts et métiers. Paris, 1826, brochure in-8.

Conclusion des recherches statistiques sur les rapports de l'instruction populaire avec la moralité des diverses parties de la France. Paris, 1827, in-8.

Situation progressive des forces productives de la France depuis 1814. Paris, 1827, in-4 et in-8.

Éloge du duc de La Rochefoucauld-Liancourt, prononcé à ses obsèques, le 30 mars 1827. Paris, 1827, in-4.

Forces productives et commerciales de la France (ouvrage dédié aux habitants de la France méridionale). Paris, 1827, 2 vol. in-4 et 2 cartes.

Le Petit producteur français. Paris, 1827-1828, 5 vol. in-18.

Invitation aux dames de Castres pour l'établissement d'une salle d'asile. Paris, 1828, brochure in-18.

Discours sur les progrès des connaissances de géométrie et de mécanique dans la classe industrieuse, prononcé pour l'ouverture du cours de géométrie, etc., à l'amphithéâtre du Conservatoire des arts et métiers le 25 janvier 1829. Paris, 1829, in-8.

Appel aux ouvriers français, pour les engager à ne pas briser les machines productives. Août 1830.

Discours sur le sort des ouvriers, considéré dans ses rapports avec l'industrie, la liberté et l'ordre public ; prononcé dans la séance de clôture de son cours, le 19 juin 1831. Paris, 1831, in-18.

Harmonies des intérêts industriels et des intérêts sociaux, pour servir d'introduction à l'enseignement du Conservatoire des arts et métiers. Cours de 1833, in-18.

Adresse aux chefs d'ateliers, composant l'association des mutuellistes lyonnais. Paris, 1834. Cette Adresse, réimprimée à Paris et à Lyon, donnait aux classes industrieuses de cette cité, des conseils dont les tristes événements, arrivés peu de temps après, ont démontré la prévoyance et la raison.

Quatre rapports faits à la chambre des députés sur les projets de lois en faveur des caisses d'épargne et contre les jeux de hasard. 1834, 1835 et 1836.

Rapport du jury central sur les produits de l'industrie française exposés en 1834. Paris, 1836 et 1837, 3 vol. in-8.

Le premier volume, comme introduction, contient

l'*Histoire de l'industrie nationale depuis l'origine de la révolution française.*

De l'influence de la classe ouvrière sur les progrès de l'industrie : discours d'ouverture du cours de géométrie et de mécanique appliquées aux arts et métiers et beaux-arts, le 30 novembre 1834. Paris, 1835, in-8.

Enseignement industriel. Résumé du discours d'ouverture. Paris, 1836, in-8.

Organisation progressive de la marine française ; analyse des quatre rapports sur les budgets de la marine pour 1833, 1834, 1835, 1836, et le rapport sur la loi organique des colonies françaises. Paris, 1836.

Défense du système protecteur de la production française et de l'industrie nationale ; prononcée à la chambre des députés, le 14 avril 1836. Paris, 1836, in-8.

Tableau des intérêts de la France, relatif à la production et au commerce des sucres de cannes et de betteraves, présenté dans la séance générale des trois conseils d'agriculture, du commerce et des manufactures, le 19 janvier 1836. Paris, 1836, in-8.

Opinion sur les caisses d'épargne, publiée dans le *Moniteur industriel* du 26 février. Paris, 1837, in-8.

La caisse d'épargne et les ouvriers, leçon donnée au Conservatoire des arts et manufactures, le 22 mars 1837. Paris, 1837, in-18.

Discours d'ouverture du cours de géométrie appliquée aux arts, prononcé le 27 novembre 1836, au Conservatoire des arts et métiers. Paris, 1837, in-8.

Rapport fait à la chambre des pairs *sur l'organisation des monts-de-piété,* leur véritable influence et les améliorations qu'on peut apporter à ces institutions. Janvier, 1838, in-8.

Rapport fait à la chambre des pairs *sur le projet de loi relatif aux chemins de fer de Paris à Rouen, au Havre et à Dieppe.* Juin, 1838, in-8.

La morale, l'enseignement et l'industrie, discours prononcé pour l'ouverture du cours de géométrie et de mécanique appliquée aux arts, au Conservatoire des arts et manufactures, le 2 décembre 1838. Paris, 1838, in-18.

Crise commerciale de 1839, examinée dans ses causes, son étendue et les moyens d'y mettre un terme ; discours prononcé le 7 avril 1839, au Conservatoire des arts et manufactures. Paris, 1839, in-8.

Rapport fait à la chambre des pairs *sur le projet de loi relatif au chemin de fer de Paris à Orléans.*

Historique de l'enseignement industriel et de son influence sur le sort du peuple, de 1819 à 1839, présenté par M. le baron Charles DUPIN, lors de l'ouverture des nouveaux cours du Conservatoire, le 15 décembre 1839.

Du travail des enfants qu'emploient les ateliers, les usines et les manufactures, considéré dans les intérêts mutuels de la société, des familles et de l'industrie ; contenant le premier rapport à la chambre des pairs et la discussion sur la loi destinée à régler cette matière, etc. 1 vol. in-8.

Second rapport à la chambre des pairs, et nouvelle défense *de la loi sur le travail des enfants dans les manufactures.*

Bien-être et concorde des classes du peuple français, suivis des conseils adressés aux ouvriers français, lors des troubles de 1840. Paris, 1 vol. in-18. Ouvrage tiré à trente mille exemplaires.